Daniela Heinen

AF235934

Hinter den kleinen Dingen

Existentielle Verse aus dem Alltag heraus

Daniela Heinen

Hinter den kleinen Dingen

Existentielle Verse aus dem Alltag heraus

Lyrik

Bibliografische Information der Deutschen Nationalbibliothek:
Die Deutsche Nationalbibliothek verzeichnet diese Publikation in der
Deutschen Nationalbibliografie; detaillierte bibliografische Daten sind im
Internet über http://dnb.dnb.de abrufbar.

E-Mail: daniela.heinen.autorin@gmx.de

Blog: www.wortverloren.com

Instagram: wortverloren

Lektorat: Jan-Eike Hornauer
Coverdesign: A&K Buchcover

Herstellung und Verlag: BoD – Books on Demand, Norderstedt

ISBN: 978-3-7534-6037-6

Für Christa Roeben.

Weil Sie nie aufgehört haben, an mich zu glauben.

Bin durch mein Leben
Gestolpert
Getrudelt

Oft stand mir
Auch das Wasser
Bis zum Hals

Mit letzter Kraft schließlich
Als nichts mehr möglich schien
Ins Auge des Sturms
Geworfen
(Natürlich mit den Kindern
In den Armen)

Durchatmen
Atmen
Kraft schöpfen

Dann Wendepunkt
Noch einmal tief Luft holen
Und dann wieder ab
Durch die Naturgewalt

Diesmal zum Licht

Ein Leben lang
hab ich davon geträumt
ein Du zu sein

Heute war ich
ein Stolpern lang
ein Ich

Sehnsucht

Nähe
Wärme
und
dein Kuss

Wäre das
die Ewigkeit ...

Einmal nur
einen kurzen
Moment
das Meer
riechen
den Sand
spüren
die Wellen
sehen
und getragen sein
vom Wind

Beim Blick durchs Fenster

Nebel –
nicht nur
draußen
denke ich

Und dass der Blick
nach innen
gleich aussähe

Meine Seele
ist voll
von Nebel

ist nebelübervoll
denke ich

Auf dem Bauch
liegend
folge ich
mit meinen Fingern
dem Verlauf
der Wellen im Sand

Ich spüre den warmen Grund
unter meinem Körper

Das Licht
der Sonne
und die Ruhe
lassen meinen Blick
klein werden

Meine Fingerspitzen
berühren die
Unendlichkeit

Blind und
sich überschlagend
gegen die Mauer
gerannt
ohne die
offene Tür
darin zu sehen

Und dann hast du sie
versehentlich
auch noch
zugeschlagen

Wir sind viele Jahre
ganz selbstverständlich
gemeinsam
ins gleiche
Abteil
eingestiegen
und haben
nebeneinander
sitzend
die Reise
bestritten

Heute bietest du mir
kaum mehr den
Stehplatz
vor der offenen
Abteiltür an

Du sagst zu mir
ich sei nicht
erwachsen
Du sagst zu mir
dass dieses Nicht-Erwachsensein
unsere Freundschaft
zerstören werde
Du sagst zu mir
ich sei kindisch

Ich höre dir zu
und denke mir
wie gut es doch ist
dass wenigstens du
so erwachsen bist

Nachdem ich dir
einen Traum
offenbart habe
der dich
als Person
gar nicht
betraf
warst dann
du es
die eine
Sehnsucht
erschuf
für uns beide

Auf dem Weg
über eine
Holzbrücke
bin ich immer wieder
gestrauchelt
doch habe zunächst
stets noch Halt
gefunden

Nun bin ich
eingebrochen
und treibe davon

Auch der Fluss
wird ankommen
und ich werde es
mit ihm
- nur nicht
an meinem Ziel

Wenn ich
an dich denke
denke ich an
daran wie wertvoll
du für mich bist
an dein Zuhören
dein Dasein
für mich
dein Lachen
den Spaß mit dir

Und manchmal
wenn ich
an dich denke
denke ich auch an
deine Augen
deinen Mund
deine Wärme
deinen Geruch
deinen Atem auf
meiner Haut

denke ich mir
am Ende
also auch was
das ich mir
nur vorstellen kann

Alle Gefühle
die du
so erfolgreich
tief in dir verbirgst
sind zum Teilen da

Warum
achtest du
so sehr darauf
dass dies nicht
geschieht?

Der Schutz
ist nur scheinbar

Wenn du sagst
du liebst mich
saugt mein Herz
deine Worte
so tief
in sich ein
dass es danach
nur noch Glück
durch meine Adern pumpt
nicht Blut

Bin nicht sicher
was ich
empfinde
für dich

In meinem Inneren
läuft
unablässig
ein Roulette-Spiel
und ich weiß nie
wo die Kugel
das nächste Mal
liegen bleibt

Gemeinsam
sind wir
auf dem Weg

Ich fühle mich
dir ferner
als je
bleibe stehen
greife nach hinten

Meine Hand
findet deine
nicht

Und
als ich mich
umdrehe
sehe ich nur
deinen Rücken

Zeigte sich
der erste Blick
schon so
vertraut
dass die
Umarmung
selbstverständlich
war
berührte mich doch
jeder Blick danach
noch ein klein wenig
tiefer

Du schreibst mir
der Funke
sei nicht
übergesprungen

und ich denke
mir erleichtert
wie gut es ist
dass du nicht
sehen kannst
wie ich brenne

Habe geplant
und geträumt
für mich alleine
hatte Angst
du könntest mich
vom Weg
abbringen

Dann hast du mir
die Augen
geöffnet

Und jetzt gehst du
neben mir

Besonders

Was ich
bei dir zu
spüren vermag
obwohl wir uns
nicht ferner
sein könnten:

Nähe

Völlig losgelöst
vom Leben
alles
verlassend
verlässt du auch mich

Losgeflogen
bin ich
hinaus in die
Nacht

nach den Sternen
zu greifen
und mir den Mond
vom Himmel
zu holen

Gelandet bin ich
letztlich wieder
auf dem Boden
der Tatsachen
- doch mit
Licht
an meiner Seite

Unerträglich
der Gedanke
dass du
in dieser Kiste
dass du
tot
bist

Ich klammere mich
an Gott
und glaube dich
in den Himmel

Du hast
die Stille
gefunden
auf dem Weg
zu mir

Das Licht
einer Kerze
bringt
nur für uns
beide
Ruhe
ins Dunkel

Denn
der Klang
deiner Musik:
Er trägt
meine Seele
heim

Ungeklärt

Dein Leben
kreuzt meines

Wer entscheidet
ob wir uns nur
kurz treffen

oder ein Stück
gemeinsam
gehen?

Und wie wird
die Entscheidung
ausfallen?

Stiller Moment

Auf dem Grund
unserer Herzen
liegen wir

und hören
unsere Liebe
singen

Wandlung

Ich habe
Berge bezwungen
in großer
Verzweiflung

Rückblickend
sind sie nur
Stolpersteine gewesen

Und heute
dienen sie mir
zum Brücken bauen

Ziel

Habe zwar
ein Ziel
vor meinem
inneren Auge
doch ich bin
nicht fähig
den Weg
zu finden

Woran nun
Zweifeln:
An mir
oder
meinem Ziel?

Meine Katze

Zusammengerollt
du und ich

Schnurrst mein Herz
weich

Beim Blick aus dem Fenster

Nicht ganz zu sehen
bist du
Baum
vor meinem Fenster
nur im Ausschnitt

Selber prächtig
und mit Efeu bewachsen
fängst du den Wind
vor mir ab
es rascheln die Blätter
für mich

Dabei ist mein Leben
für dich auch nur
ein Ausschnitt
Baum

Ich weiß den Traum
verloren

Doch tut es weh
bis ich wirklich
begreife

Ich bin
ich
allein
nicht mehr Teil
unseres Wirs

Aufblickend
zu denen
die leichtfüßig
in die Krone
des Baumes
gestiegen
sind
blieb ich
zurück

Ich konnte mich nur
an den Stamm
klammern

Inzwischen
ist die Krone
leer

Ich stehe noch
immer am Stamm
und weiß
diesen Platz
langsam
zu schätzen

Auf der immer
verzweifelteren Suche
nach meiner
fehlenden Hälfte
habe ich
schließlich
einen anderen
Weg eingeschlagen
Und mich gefunden

Plötzlich ein Ganzes

Ob Amina und Mehdi aus
einem anderen
Land kommen
hat die Oma
meine kleine Tochter
gefragt

So ein Quatsch
hat mein Kind
geantwortet
Die sind doch in
meiner Klasse und
wohnen um die Ecke

ganz selbstverständlich
hat meine Tochter
das gesagt
ganz so
wie es ja auch ist

Verstehe nicht viel
von Politik
von Machtausübung
von Hass
von Diskriminierung

bin wohl
naiv
und denke in
Schwarz-Weiß

Recht ist Recht
Unrecht ist Unrecht

so läuft das nicht
auf der Welt
sagst Du
Die Menschen denken
so nicht
handeln so nicht
sagst du

Aber wenn...

denke ich
und so handle ich weiter
und ich weiß
ich bin nicht allein

Ich stehe hier
vor deinem
Haus
und warte auf
dein Zeichen

Du hattest mich
eingeladen
und nun
kann ich nicht
hinein

Deine Tür
bleibt zu
du bist nicht
zu sehen

und ich habe
– noch? –
keinen Schlüssel

Vertane Chance

Ich hätte dich
berühren können
riechen können
streicheln können

doch ich konnte
nur reden
und atmen
und sehnen

bis die Nacht
vergangen war
und du
gegangen bist

Zu viele
Richtungen
zur Auswahl
machen mich
orientierungslos

Welche Richtung
ich auch wähle
der Zweifel
treibt mich
nach einigen
Schritten
doch wieder
zurück zum
Ausgangspunkt

Bis ich spüre
dass alle
gegangenen Schritte
sich zusammenfügen
zu meinem
eigenen Weg
in eine
neue Richtung

In manchen
Momenten
wenn ich
eine Schlucht
zwischen uns
sehe
weißt du plötzlich
von mir
etwas ganz
Kleines

und ich spüre
das Vertrauen
das uns
verbunden
hält

du musst nicht
neben mir
stehen
um mir
nahe zu sein

Ich habe
dich
verlassen
weil du mich
blind gemacht hast
für mich

Ich habe
dich
verlassen
weil ich mich
verloren hatte
an dich

Die nächsten
Schritte
mache ich
mit mir

Ich habe
Stimmen
in meinem Kopf
die niemals
Ruhe geben

Doch wenn du
da bist
ist es still
in mir

während du
mich hältst
atme ich
lausche ich
lasse ich los

voller Ruhe

Für mein Kind

Eines Tages
wird es so sein
dass du gehst
in ein
eignes Leben
in eine
eigene Welt

doch da
wo unsere Welten
sich berühren
spürst du
hoffentlich
meine Liebe
die dich
noch immer
trägt

Wir haben
schon immer
Masken
getragen

aber heute
schützen wir
dadurch
nicht uns
sondern
die anderen

Was sagt es
über uns
dass uns
das stört?

Wandel

Das soziale Leben
ist heruntergefahren
und Stille
breitet sich aus

Außen
in unserer
Gesellschaft
aber auch
in uns

Wir leben in
Slow Motion
und
müssen neue
Rollen füllen

Sind Beobachter
und
Zuhörer
für uns selbst

Schwer auszuhalten?!

Frühjahr 2020

Delfine
in Küstennähe

klares Wasser
in den Kanälen
von Venedig

über Peking
kann man
den Himmel
sehen

während wir
Masken tragen
und behaupten
keine Luft zu
bekommen
atmet die
Welt auf

Ob mein Kind
gehorcht
hat der Arzt
mich gefragt

Natürlich nicht
antworte ich
und spüre
augenblicklich

In unserer
Gesellschaft
ist das
die falsche
Antwort

Corona

Sorglosigkeit
macht sich breit
während die Sonne
strahlt und
die Luft sich
erwärmt

Die Menschen
sehen sich
nach ihr
nach dem
lauten Leben
zurück nach
vorher

Doch die Angst
in uns
bleibt
leise und
unsichtbar
wie die
Bedrohung
um uns
herum

Nicht der Schnee
Bedeckt die Welt
Und macht sie
Kälter

Nicht der Schnee
Verhindert
Dass wir
Geliebte Menschen
Besuchen

Nicht der Schnee
Sondern ein Virus

Ein Virus
Lässt uns genauer
Hinhören
Ein Virus
Bringt uns dazu
Für andere
Da zu sein

Ein Virus
Lehrt uns
Liebe zu zeigen
Auch ohne Nähe
Und Körperkontakt

Ein Virus
Lehrt uns.

Autismus

Mein Sohn
Blüht auf
Durch Corona
Denn endlich
Muss er
Niemandem mehr
Die Hand geben

Endlich
Ist es egal
Dass seine Mimik
Seine Gefühle
Nicht ausdrücken
Kann

Endlich
Fällt nicht auf
Dass er
Anderen Menschen
Aus dem Weg geht

Er lebt
Auf seiner Insel
Im Corona Meer
Und macht jetzt
Urlaub

Der Tag beginnt
Und schleicht sich
Ganz langsam
In unsere Körper

Ich liege
In deinem Arm
Und lausche
Deinem Atem

Du riechst
Nach Schlaf
Und Wärme
Und treibst
Noch
Auf den letzten kleinen
Traumwolken

Nie bin ich dir
Näher und
Tiefer
Verbunden

Danksagung

Mein Dank geht an Dich!
Lyrik ist leider kein beliebtes Genre – umso mehr freue ich mich, dass
Du meine Gedichte gelesen hast.

Falls sie Dir gefallen, würde ich mich sehr freuen, wenn Du eine
Rezension schreiben würdest. Das kannst Du in jedem Online
Buchshop oder auf Plattformen wie Facebook, Instagram und
Lovelybooks tun. Mit einer Rezension hilfst du mir, mein Buch
bekannter zu machen und es anderen Lesern vorzustellen. Mein
Erfolg liegt sozusagen in Deinen Händen!

Deine Daniela